Pastora Paula Hernandez, LMHC

Yo Creo Ministry, Inc

Copyright © 2024 – Pastora Paula Hernández

Reservados todos los derechos.

No es legal reproducir, duplicar o transmitir ninguna parte de este documento, ya sea en medios electrónicos o en formato impreso. La grabación de esta publicación está estrictamente prohibida.

Contenido

Introducción 2
Prologo 4
Interrupciones Divinas 6
¡Dios no Desperdicia Nada! 8
Importancia de respirar 11
Ecocardiograma 13
Un Reino Dividido Contra sí Mismo no Prosperará ... 15
Un Deseo Fuera de Tiempo es Una Distracción. 17
¿Orar Sentada? Autoridad Delegada en la Oración ... 19
Una Canción de Amor / Se Regocija Sobre Mi Con Canto 22
Menospreciando el Oprobio 25
Separados de ti Nada Podemos Hacer 27
Comunicación 29
Escribe Ese Plan de Trabajo 31
Emociones Encontradas 33
En Su Voluntad Encuentro Paz 35
Yo le Creo a Dios 37
Acción de Gracias 39
Lluvia Temprana y Tardía 41
¡Proseguiremos en Conocerle! 43
¡Alegraos y Gozaos! 45
Referencias ...., 47

Ministerio Yo Creo, Inc.

El Ministerio Yo Creo, Inc. separa los primero veintiún días de cada año en oración y ayuno, al igual que muchas otras iglesias y ministerios también lo hacen. En esta ocasión fuimos motivados a compartir un devocional diario de frases o comentarios comunes que la Pastora Paula utiliza. Cada uno de ellos están basado en experiencias de la vida cotidiana de cada cristiano. La decisión de publicarlos surge al desear compartirlos con otros y apoyar la labor de este ministerio de fe. Esperamos que sea de gran bendición para cada lector.

Le sugerimos leer un pensamiento diario acompañado de las porciones bíblicas correspondientes. También ayudará tomar notas al final de cada pensamiento para afianzar el contenido. Escribir lo que primero llegue a su mente y corazón y no olvidar compartir con otros y, por supuesto, concluir con una oración.

Introducción

Mi hija participó en un concierto en la escuela intermedia para declamar un poema de su propia inspiración. El tema del poema era Mis Pensamientos (My Thougths). Ella escribió y memorizo un verso, pero cuando lo declamaba continúo añadiendo ideas y pensamientos de su mente que no estaban escritos en su revisado poema. Pocas personas presentes se enteraron de que ella estaba improvisando, pero mi familia estaba preocupada pues ella expresaba sus pensamientos libremente y no podía detenerse. Al iniciar cada oración repetía "Mis pensamientos…, mis pensamientos..." Este evento se convirtió en una broma familiar.

Aprender a controlar los pensamientos es la meta de toda terapia cognitiva, ya que un pequeño cambio en los pensamientos influye en el carácter y la conducta del ser humano. Esto es tan importante, pues si controlas el pensamiento efectivamente también podrás controlar la ansiedad, la depresión, trastornos compulsivos, conducta y como resultado tendrás mejor salud física, espiritual y mental; también podrás disfrutar de mejores relaciones personales. Es tanta la cantidad de pensamientos e ideas que combaten en nuestra mente que Pablo escribió la importancia de llevar cautivo todo pensamiento a la obediencia a Cristo (2 Corintios 10:4). Esto también implica que si damos rienda suelta a los pensamientos seremos afectados en forma negativa por los mismos.

En este corto material encontrara 21 pensamientos espirituales que en medio de muchas situaciones me han permitido llevar cautivo mis pensamientos a la obediencia en Cristo. Los pensamientos cortos son como un delicioso bocadillo, postre o merienda fácil de digerir y de compartir. Espero que cada uno de estos pensamientos provoque que el lector exprese, al igual que mi hija, más de lo escrito.

A través del tiempo, el Señor ha traído verdades bíblicas a mi vida que han sido de bendición a mí y a mi familia. Estas verdades son la base de estos devocionales. Repetirme a mí misma que estoy sentada en lugares celestiales con Cristo (Efesios 2:6-7), me empodera. Me da gozo saber que Él se regocija sobre mí con canto (Sofonías 3:17). Él envía sobre mí su lluvia temprana y tardía y me anima a continuar (Oseas 6:3). Encuentro paz en su voluntad mientras escribo mi plan de trabajo. Soy dependiente de Él, "pues separado de Él nada puedo hacer" (S. Juan 15:5). El eco de su voz me atrae y puedo respirar su aliento para disipar mis temores, pues creo que su voluntad en mí prosperará entendiendo que un reino dividido contra sí mismo no prosperará (S. Marcos 3:24). Así menosprecio lo que no es de valor eterno. El interrumpe mi camino para enfocarme, regular mis emociones para que los deseos de mi corazón que están fuera de su tiempo no me distraigan, pues … ¡Dios no desperdicia nada!

Gracias oh, Dios.

Prologo

La pastora Paula Hernandez y yo nos conocemos desde muy jóvenes y durante el tiempo en que estudiábamos, forjándose entre nosotras una hermosa amistad y desarrollo de una fraternidad con toda la familia, la cual amamos.

El tiempo pasaba mientras la amistad se fortalecía llegando a convertir los sentimientos en afecto familiar. Recuerdo de aquellos tiempos la fe inconmovible de Paula, cuando entrego su vida a Jesucristo, su perseverancia y valentía que le llevaron a conquistar a los suyos para el reino de Dios. "Cree en el Señor Jesucristo y serás salvo tú y tu casa..." fueron las palabras que dijeron el apóstol Pablo y Silas al carcelero en aquel glorioso suceso en el que el poder de Dios abrió las puertas de la cárcel. La palabra cree, significa tener algo, por cierto; y en la vida de mi hermana Paula esto es un estandarte, es una evidencia de su relación con Cristo por lo que para mí es maravilloso. Aunque no asombroso este nuevo proyecto de bendición con el que Dios la usa. Digo que no me asombra; pues la trayectoria ministerial que ha venido transitando es un camino que refleja una constante victoria para ella, su familia, y toda la comunidad cristiana, motivada por sus acciones a creer siempre en Cristo.

Esta obra "Pensamientos Cortos", la recomiendo con todo mi corazón. Es una recopilación de experiencias que reflejan las múltiples formas en que el Señor prospera nuestras vidas. En estos pensamientos podemos darnos cuenta, podemos discernir como Dios esta significativamente presente en nuestro día a día, haciendo que caminemos con poder y con fe.

He leído esta obra y les confieso que la he saboreado. Cada frase, cada oración, cada párrafo, quedando en gran manera edificada. Recomiendo la lectura y meditación de este escrito por su alto nivel teológico, la óptica bíblica con la que proyecta las experiencias vividas, la manera sencilla con la que alude a términos técnicos y científicos, aportando al lector un desarrollo totalmente integral (cognitivo, espiritual, comunicativo, ...).

Para mí es un honor escribir estas líneas en las que lo recomiendo a cristianos y a las personas que aún no han tenido la gloriosa experiencia de aceptar a Cristo como salvador. Creo que cuando lo lean serán bendecido en tal manera que lo recomendaran a tantas personas como les sea posible.

Dios bendiga sus almas,

Ana Cristina García

Pastora

1

Interrupciones Divinas

Y sabemos que a los que aman a Dios, todas las cosas les ayudan a bien, esto es, a los que conforme a su propósito son llamados. Romanos 8:28 RVR1960

Comparto mi oficina con una compañera de trabajo de la cual recibo constantes interrupciones. Ella es una hermosa mujer de Dios y a menudo tenemos mucho que compartir, especialmente después de un largo fin de semana. Nuestros trabajos no están relacionados entre sí, y las interrupciones nos desenfocan de completar ciertas responsabilidades. Para evitar esto usamos audífonos; así entendemos cuando estamos más ocupadas.

Interrumpir es definido como cortar la continuidad de algo en el lugar o el tiempo. Pero, espiritualmente yo diría que una interrupción divina es redirección hacia el propósito eterno de Dios en nuestra vida.

Analicemos algunas interrupciones en Las Sagradas Escrituras. El ángel de Jehová interrumpió a Balaam de camino a maldecir al pueblo de Israel. Esta interrupción evitó lo planeado y redirigió a este profeta hacia el propósito de Dios en su vida, aunque tuvo que conversar con una mula (Núm 23). Dios interrumpió el sueño del pequeño Samuel para llamarlo al ministerio profético, y Samuel a su vez interrumpió el sueño de Eli, quien había perdido la dirección (1 Samuel 3). También, en el libro de los Hechos 9 vemos a Jesús interrumpiendo a Saulo de camino a Damasco para redirigirlo a su propósito eterno. La mayor interrupción de Dios en la humanidad es Jesucristo mismo quien interrumpió el curso de la historia para salvar a la humanidad y dirigirnos a Dios Padre.

¿Cuántas veces ha interrumpido Dios nuestros sueños para llevarnos a Él en oración? O ¿Cuántas veces ha cambiado el rumbo de nuestro camino, o atrasado nuestros planes? Recuerda, que *a los que aman a Dios, todas las cosas les ayudan a bien, esto es, a los que conforme a su propósito son llamados. Rom 8:28 RVR."*

Oremos:

Gracias porque en tu soberanía tú interrumpes mi vida para dirigirme a tu propósito. ¡Aleluya!

Notes

_____

_____

_____

_____

2

¡Dios no Desperdicia Nada!

...sino que lo necio del mundo escogió Dios, para avergonzar a los sabios; y lo débil del mundo escogió Dios, para avergonzar a lo fuerte; y lo vil del mundo y lo menospreciado escogió Dios, y lo que no es, para deshacer lo que es, a fin de que nadie se jacte en su presencia. 1Cor. 1:27-31 NIV 1990

¿Alguna vez ha pensado en Dios como un reciclador de nuestros errores? Reciclar es el proceso de convertir residuos en material reutilizable. ¿Te imaginas a Dios separando la basura de los errores de tu vida y usándolo para bien?¡Este tema me gusta mucho! Saber que Dios no desperdicia nada es fascinante para mí y me da alegría, pues pequeños y grandes errores son asuntos de mi diario vivir. Analizar el contexto y uso de la palabra desperdicio en la Biblia nos enseña mucho. Es estudiar a Pablo decirle a los corintios, "...sino que lo necio del mundo escogió Dios, para avergonzar a los sabios; y lo débil del mundo escogió Dios, para avergonzar a lo fuerte; y lo vil del mundo y lo menospreciado escogió Dios, y lo que no es, para deshacer lo que es, a fin de que nadie se jacte en su presencia." (1Cor. 1:27-31). Dios identifica a lo necio, lo débil, lo vil, lo menospreciado, lo que no es, el desperdicio mismo de la humanidad para engrandecer en ellos Su obra.

También vemos como Dios obra con el desperdicio cuando Jesús alimentó a la multitud: "Y comieron todos, y se saciaron; y recogieron lo que les sobró, doce cestas de pedazos." (S. Lucas 9:17). ¡Qué desperdicio! Al parecer mientras mayor es el número de personas más abundan los desperdicios y mayor oportunidad para Dios obrar. Citando lo narrado, tenemos el desperdició de las doce cestas de pan y pescado simbolizando la provisión de Dios para cada uno de los discípulos a lo largo de su ministerio. Prometiéndole sustento divino para su labor.

Ahora, hay una diferencia en comer tus propios desperdicios que estar dispuesto a comer de los desperdicios de otros. Este es el caso de la mujer cananea que conversa con Jesús. Ella le pide que sane a su hija y Él le responde con lo que consideraríamos hoy un insulto. Pero ella entendía que si este era verdaderamente el Mesías entendería su desesperación y disposición a comer de los desperdicios de la mesa por la sanidad de su hija. "Y ella dijo: Sí, Señor; pero aun los perrillos comen de las migajas que caen de la mesa de sus amos," (S. Mateo 15:27).

Consideremos a Ruth la moabita, gentil, emigrante, pagana, viuda, pobre y más. Esta llega a espigar al campo de Booz, el que podía redimirla, y lo único que podía hacer era recoger los desperdicios de las espigas del campo. Ella fue redimida por Booz y hecha parte del linaje de Cristo (Mateo 1:5). Ruth fue proyección y sombra de la redención en Cristo que había de venir.

Estoy segura de que Dios hará grandes cosas con los desperdicios de nuestras vidas. ¡Aleluya!

Oración:

Oh, Dios, gracias porque nada en ti es un desperdicio. Toma todo mi ser en tus manos y los desperdicios de mi vida y haz con ellos como quieras.

Notes

3

Importancia de respirar

Todo lo que respira alabe a JAH. Aleluya. Salmos 150:6 RVR1960

Frecuentemente uso con mis clientes terapia de respiración diafragmática para reducir el nivel de ansiedad y relajar el cuerpo y la mente. El diafragma es ese músculo fuerte que se encuentra debajo de las costillas y arriba del estómago. Este tipo de respiración o ejercicio de relajamiento tiene muchos beneficios pues aumenta el nivel de oxígeno en todo el cuerpo. Cuando aprendes a mantener el ritmo de respiración diafragmática alcanzarás niveles de pensamientos más claros, podrás reducir tu ansiedad, recuperar energía y hasta reducir tu nivel de presión arterial. Este método también se usa para manejar mejor dolores y contracciones durante un parto. El aliento, el soplo divino que Dios sopló sobre Adam cuando le formó, él mismo nos mantiene conectados a la vida y al perderlo morimos.

En la biblia la palabra aliento en hebreo es Rua que se traduce como viento o espíritu. En griego aliento, viento, espíritu se escribe Pneuma, lo que infunde vida. En el 2019 la pandemia de COVID-19 atacó esta área respiratoria de la humanidad transfiriendo muerte, ansiedad y dolor. Todo el que pudo sobrevivir esta pandemia aprecia más la facultad respiratoria que poseemos.

En Ezequiel 37 Dios sopló sobre el valle de los huesos secos y recibieron vida. Elías compartió de su propio aliento con el hijo muerto de la viuda de Sarepta (1 Reyes 17). También Eliseo resucitó al hijo de la sunamita respirando sobre él (2 Reyes 4). El Salmo 150 nos dice que todo lo que respira alabe a Jehová, el autor de la vida. Un evento importante fue la llegada del Espíritu Santo sobre la iglesia, cuando de repente vino un viento recio que soplaba sobre los discípulos, el Espíritu Santo que nos guía a toda verdad y toda justicia; él es nuestro paracleto, consolador, que nos ayuda en nuestras debilidades. El mismo Espíritu que levantó a Cristo de los muertos; las arras de nuestra posesión adquirida. El habita en nosotros pues el que cree en mí como dice la Escritura de su interior correrán ríos de agua viva. (Juan 7:38).

Oremos:

Te invito hoy a que disfrutes de un momento de respiración diafragmática estando consciente de que el Pneuma de Dios, su Espíritu Santo, corre por todo tu ser trayendo sanidad y medicina. Disfruta de su presencia.

Notes

_____

_____

_____

_____

4

Ecocardiograma

Engañoso es el corazón más que todas las cosas, y perverso; ¿quién lo conocerá? Yo Jehová, que escudriño la mente, que pruebo el corazón, para dar a cada uno según su camino, según el fruto de sus obras. Jeremías 17:9-10 RVR1960

Visité al cardiólogo en estos días y me indicó un ecocardiograma; un examen del corazón donde se utilizan ondas sonoras para crear imágenes y analizar el flujo sanguíneo y la condición de las válvulas cardiacas. Le dije al técnico que hacía el examen que por favor me dijera si podía ver a Jesús sentado en el trono de mi corazón, él solo se sonreía amistosamente. En ocasiones podemos creer que nuestro corazón está saludable hasta que un ecocardiograma revela la real condición de este; pues nuestro corazón es engañoso.

¿Qué encontraría Dios en nuestros corazones si nos hiciera un ecocardiograma espiritual? Él es el que escudriña la mente y prueba los corazones (Jer 17:10). ¿Estará Jesús sentado y gobernando nuestros corazones? Los resultados de un ecocardiograma espiritual nos podrán sorprender cuando descubramos que hay obstáculos que impiden el fluir sanguíneo del Espíritu Santo en nuestras vidas.

Es milagrosa y transformadora la operación de corazón abierto que Dios hace en cada corazón que le recibe y la sangre de Cristo nos limpia de todo pecado. Pues solo Dios conoce el corazón del hombre y a través de las ondas sonoras del Espíritu Santo nos escudriña para dar a cada uno según sus obras. El Espíritu Santo explora los rincones más escondidos, abre los cajones, baúles, más guardados y nos llena de su paz para hacernos emocionalmente saludables. ¡El no deja nada vacío!

Oración:

Señor mi Dios, te entrego mi corazón, puedes operar en él.

Notes

_____

_____

_____

_____

5

Un Reino Dividido Contra sí Mismo no Prosperará

Si un reino está dividido contra sí mismo, tal reino no puede permanecer. Y si una casa está dividida contra sí misma, tal casa no puede permanecer. Marcos 3: 24-25 RVR1960

Mi esposo y yo enfrentamos serios problemas matrimoniales durante los primeros años de nuestro matrimonio. Había áreas personales que yo no estaba dispuesta a compartir o negociar. Aunque pensaba que él tenía que cambiar. Sin embargo, oraba buscando una solución, hasta que Dios mismo me confrontó con esta verdad. Entendí que debíamos unirnos en todos los aspectos para poder permanecer y prosperar. El resultado de esta obediencia a Dios fue notorio semanas después de mi decisión de remover esa actitud interna que nos fragmentaba. Un reino, país, ciudad, institución, comunidad, iglesia, matrimonio, familia dividida contra sí misma no permanecerá. En otras traducciones bíblicas dice "no prosperará". Indicando que la permanencia y la prosperidad son el resultado de la unidad.

Ahora este tema se ha hecho un lema en mi vida; aprender a aplicarlo ha influido todos los grupos y comunidades en la cual he pertenecido. Hay tantas áreas de nuestra vida en la cual no prosperamos por falta de unidad con la visión común de la cual somos parte. Esperamos siempre que otros se unan a mi punto de vista o ideas y no nosotros a la de otros.

También podemos aplicar esta enseñanza a la división interna en nosotros mismos, vacilando en áreas que no entregamos por entero a Dios. *"Yo conozco tus obras, que ni eres frío ni caliente. ¡Ojalá fueras frío o caliente!* (Rev. 3:15 RVR1995)" Somos tibios y nos comprometemos con lo que nos conviene, mostrando reservas internas hasta ver los resultados finales. Esta fragmentación resulta en inestabilidad y carencia de progreso en diferentes áreas de nuestras vidas.

¡Qué ironía! Este tema surgió después que Jesús fue acusado de echar fuera a los demonios en nombre del príncipe de los demonios. Al parecer hay cierta unidad en el reino de las tinieblas que le ha permitido permanecer.

Oración:

Oh, Dios, propongo obedecerte y unirme al bien común y ser solidario con la visión divina para mí y todas mis áreas de influencia.

Notes

_____

_____

_____

_____

6

Un Deseo Fuera de Tiempo es Una Distracción.

Todo tiene su momento oportuno; hay tiempo para todo lo que se hace bajo el cielo…

Esc.3:1 RVR1960

Mi hija perdió el barco donde su escuela superior celebró su graduación. Esto se debió a que se distrajo conversando con su maestra de música de la escuela primaria, a quien no veía por mucho tiempo. ¡Esta fue una amena conversación! Estaba muy alegre hablando de sus planes y experiencias. Aunque la conversación fue agradable, perdió el barco al llegar tarde al muelle por varios minutos. Todavía me duele el corazón al recordar su cara de confusión y frustración tan hermosamente vestida y arreglada. Hay distracciones que se convierten en una estrategia del enemigo para desenfocarnos. Distracción consiste en cambiar nuestro foco de atención, de manera voluntaria, desde nuestros pensamientos y sensaciones y desplazarla hacia otros estímulos, que te desvían del objetivo o meta.

Hemos sido llamados con un propósito en Dios según Romanos 8:28. En nuestro caminar con Dios encontramos distracciones que pueden desenfocarnos del objetivo primordial, aunque las mismas sean sanas y aparentemente indefensas.

Es más fácil ignorar las distracciones que encontramos en el camino cuando estas no son nuestros deseos o vienen de afuera. Pero hay otras distracciones que vienen de nosotros mismos, de nuestros deseos y pasiones que combaten dentro de nosotros. (Santiago 4:1).

Unas vacaciones en medio del semestre escolar de un estudiante, una visita fuera de tiempo de un amigo; una pausa en el camino, o un gusto personal. Hay muchos deseos personales que te desenfocan del propósito primordial de la vida misma.

Hoy examino mi corazón para explorar qué deseos combaten dentro de mí, y alrededor de mí, que constantemente me desenfocan del propósito de Dios en mi vida. Probablemente tenga que postergar algunas diversiones para poder enfocarme.

Oremos: Señor, no quiero perder el barco que me conduzca a mi propósito eterno.

Notes

_____

_____

_____

_____

7

¿Orar Sentada?
Autoridad Delegada en la Oración

...y juntamente con él nos resucitó, y asimismo nos hizo sentar en los lugares celestiales con Cristo Jesús, para mostrar en los siglos venideros las abundantes riquezas de su gracia en su bondad para con nosotros en Cristo Jesús. Efesios 2:6-7 RVR1960

Tengo un tío que es pastor en Polo, Barahona, una provincia de República Dominicana. Él está ya avanzado en edad y ha perdido la vista, además, nunca aprendió a leer. Pero escucharlo orar es impactante, con la gran seguridad y certeza de quien él es en Dios. Él es un ejemplo de alguien que sabe dónde está sentado. Cuando su capacidad o autoridad es cuestionada él pregunta: ¿A quién le dio Dios la autoridad? ¡Su reacción es muy graciosa!

Se ha definido autoridad como poder que gobierna o ejerce el mando por derecho; potestad, facultad, legitimidad; potestad que ejerce una persona sobre otra u otras, y entonces se habla de la autoridad del jefe del Estado, del padre de familia, del maestro, del patrón, cada uno de ellos dentro de sus atribuciones legalmente establecidas. Esto indica que la autoridad que cada uno de nosotros posee, en el lugar donde estamos sentados, ha sido delegada por Dios. Toda autoridad viene de Dios; pues Él es la autoridad máxima sobre todos los pueblos de la tierra.

Esto indica que cuando operamos fuera de nuestro lugar de autoridad delegada hay problemas. Cuando los roles familiares, eclesiásticos y comunitarios se pierden, traemos muchas confusiones. Confusiones que se pueden ver en la sociedad hoy día, la mujer quiere el rol del hombre, el hombre de la mujer; las madres quieren ser abuelas y las abuelas madres, el varón quiere ser hembra y la hembra quiere ser varón. Pero saber cuál es nuestro lugar de operación nos garantiza el respaldo de Dios y la victoria. Desde este lugar de autoridad oramos atando y desatando (Mat. 16:19), profetizamos (1 Cor 14), e intercedemos en el Espíritu (Efesios 6:18).

En la carta a los Efesios, Pablo describe la posición del cristiano y la iglesia; saber cuál es tu lugar es muy importante en todos los aspectos de la vida. Permanecer en Cristo es la posición de cada cristiano, pues separados de Cristo nada podemos hacer. Si contaras, notaras que Pablo usó 27 veces la frase "en Cristo" en esta corta carta de solo 6 capítulos; recuerda que las repeticiones son importantes.

Cuando analizamos esta autoridad delegada en la oración nos damos cuenta del poderoso lugar de privilegio que tenemos al orar por nuestras áreas de influencia. Practiquemos orar sentados con Cristo en lugares celestiales ese lugar de autoridad delegada por Dios y no permitamos que el enemigo gane ventaja en nuestros territorios, como lo hace mi tío Pastor. Sin permitir que nada ni nadie cuestione quienes somos en Cristo.

Oremos,

Señor Dios, aquí estoy sentada en lugares celestiales con Cristo tomó toda autoridad sobre cada área que tú me has delegado y establezco a Cristo. En el nombre de Jesús.

God's vision for me and all my areas of influence.

Notes

8

Una Canción de Amor / Se Regocija Sobre Mi Con Canto

No temas; Sion, no se debiliten tus manos. Jehová está en medio de ti, poderoso, él salvará; se gozará sobre ti con alegría, callará de amor, se regocijará sobre ti con cánticos. Sofonías 3:16 RVR1960

Creo que este es uno de los versos bíblicos más hermosos que he leído. Aquí Dios mismo habla a su pueblo, te habla a ti y me habla a mí. Sofonías expresa el sentimiento profundo del corazón de Dios para su pueblo en una manera poética, apasionada y muy íntima.

En los últimos meses del 2023 estaba yo por despertar una madrugada, cuando tuve una hermosa experiencia con Dios. Despierta sobre mi cama sentía una presencia abrasadora de Dios sobre mí con música y cantos. No quería moverme para disfrutar de ese momento tan claro de intimidad con Dios. Sentí la presencia de Dios con música y letras que cantaba sobre mí. Dije en mi pensamiento esto es hermoso y es bíblico, pues recordé la porción que citamos de Sofonías 3:16, "...se regocijará sobre ti con cántico".

Al despertar por la mañana estuve preocupada por no recordar las letras de la canción. Pensé que debía levantarme y escribirla al momento. Todo ese día le pedí a Dios que por favor trajera a mi memoria las letras de la canción y le pedí perdón por no haberla escrito de inmediato, como suelo hacer en estos casos. Solo el recuerdo de lo experimentado producía gozo y gran consuelo en mi alma. Me sentía privilegiada, quebrantada y no merecedora de tan gran amor, ¡me reía sola!

¡A la madrugada siguiente, qué alegría! sentí la misma visita otra vez con la misma música cantando sobre mí. Esta vez por solo poco minutos. Rápidamente, tan pronto entendí el mensaje lo escribí. La canción decía: "Todo lo que el enemigo planee para mal lo tornare para bien; tornare para bien todo lo que el enemigo planeó para mal". ¡Aleluya!

El gozo en mi corazón era grande y toda la semana compartí esta palabra con todo el que encontré en mi caminar. Me di cuenta de que este mensaje era para mi debido a situaciones difíciles en la que me encontraba en esos días; pero era también para traer aliento a docenas de personas y familias con quienes compartí esa semana. Esto es una palabra profética para ti en este momento. No temas; Sion, no se debiliten tus manos. Jehová está en medio de ti, poderoso, él salvará; se gozará sobre ti con alegría, callará de amor, se regocijará sobre ti con cánticos. Sofonías 3:16. "Todo lo que el enemigo planeó para mal, Dios lo convertirá para bien; y Dios tornará para bien todo lo que el enemigo planeó para mal"; pues él no desperdicia nada. ¡Gloria a Dios!

Medita, ¿Qué puede estar sucediendo en tu vida para mal, que Dios tornará para bien?

Notes

9

Menospreciando el Oprobio

Puestos los ojos en Jesús, el autor y consumador de la fe, el cual por el gozo puesto delante de él sufrió la cruz, menospreciando el oprobio, y se sentó a la diestra del trono de Dios". Hebreos 12:2 RVR1960

Menospreciar es una palabra compuesta: Menos: poco, escaso, falta de… y más; preciado es la acción de apreciar, valorar, evaluar, tasar. De aquí que menospreciar indica poco valor; situación o cosa de poco valor o poca importancia.

La actitud del cristiano ante los problemas, pruebas, dificultades y malentendidos con otras personas es muy importante. Jesús le dio poco valor a las situaciones de oprobio que experimentó pues su meta es salvar la humanidad. El autor del libro de Hebreos nos dice que pongamos nuestro enfoque en Jesús y menospreciemos el oprobio al igual que él lo hizo. Él le puso poco precio al oprobio, al daño, al sufrimiento, a la voz del enemigo; pues su meta fue vencer la cruz y sentarse a la diestra del padre. Jesús no podía entretenerse con situaciones triviales que le impidiera concretar su objetivo.

Si menospreciamos los oprobios seríamos más victoriosos en nuestro caminar diario con Cristo. Esta práctica espiritual nos hace más tolerable a las situaciones diarias y aumenta nuestra capacidad de perdonar y elegir nuestras batallas. Esta perspectiva es de mucha ayuda pues podemos enfocarnos en lo que es realmente importante, lo eterno, lo espiritual y lo que permanece para siempre. Jesús se sentó a la diestra del trono de Dios luego de haber sufrido la cruz y menospreció el oprobio.

Reflexión,

¿Qué oprobios debo menospreciar?

Notes

_____

_____

_____

_____

10

Separados de ti Nada Podemos Hacer

Permaneced en mí, y yo en vosotros. Como el pámpano no puede llevar fruto por sí mismo, si no permanece en la vid, así tampoco vosotros, si no permanecéis en mí. Yo soy la vid, vosotros los pámpanos; el que permanece en mí, y yo en él, éste lleva mucho fruto; porque separados de mí nada podéis hacer. S. Juan 15:4-5 RVR1960

Podrías usar tu imaginación y considerar un árbol cambiando de suelo y plantando en diferentes lugares buscando su propia comodidad. ¡Qué desastre! La palabra permanecer es usada por Jesús 10 veces en este solo capítulo 15 del evangelio de Juan. Cuando algo es repetido muchas veces en Las Escrituras es importante prestarle atención. Para que un árbol pueda crecer debe estar plantado en un solo lugar; en ese lugar crecerán sus raíces y dará fruto. Cuando un árbol se mueve de lugar, o se trasplanta, corre el gran peligro de morir en la transición. También, para poder graduarte en la universidad debes permanecer allí por el tiempo requerido; para desarrollar relaciones sólidas debes permanecer en la relación y comprometerte por completo a que esta permanecerá.

Salmos 1:3 Será como árbol plantado junto a corrientes de aguas, que da su fruto en su tiempo y su hoja no cae, y todo lo que hace prosperará. También en Isaías 61:3 dice que el vino "...a ordenar que a los afligidos de Sion se les dé gloria en lugar de ceniza, óleo de gozo en lugar de luto, manto de alegría en lugar del espíritu angustiado. Serán llamados "Árboles de justicia", "Plantío de Jehová", para gloria suya. Separado de Él nada podemos hacer, para Dios no cuenta lo mucho que tu hagas o la manera que lo hagas lo que más cuenta es que lo hagas en Él, en Cristo. Lo que hacemos en Él y para Él dará mucho fruto para la vida eterna. Así que no te desesperes, no te muevas, no te perturbes, permanece en Él y verás los frutos abundantes. ¡Aleluya!

Oremos:

Señor permaneceré en ti no importando los vientos contrarios.

Notes

11

Comunicación

¡Mirad cuán bueno y delicioso es habitar los hermanos juntos en armonía!

Es como el buen óleo sobre la cabeza, el cual desciende sobre la barba,

La barba de Aarón, y baja hasta el borde de sus vestiduras; como el rocío de Hermón, Que desciende sobre los montes de Sion; porque allí envía Jehová bendición, Y vida eterna. Salmos 133:1 RVR1960

Uno de los más valiosos miembros del cuerpo humano es el cerebro. Es fascinante estudiar la neurotransmisión cerebral a pesar de lo complicado de su estructura, entendemos que esta se refiere a la transportación de información de una neurona a otra. Esta comunicación es importante pues el cerebro es el órgano que controla las actividades del sistema nervioso y procesa las informaciones sensoriales como temperamento, placer, memoria, aprendizaje, concentración; también los medicamentos que tomamos y la comida que comemos influyen en la neurotransmisión. Cuando la neurotransmisión cerebral es afectada sea por problemas biológicos, medicamentos o traumas la conducta es alterada. ¡Qué hermosa computadora creó Dios! De hecho, las computadoras en sus máxima capacidades son una copia inferior del modelo complejo que Dios creó.

Con este tema me quiero referir a la importancia de la comunicación en las cabezas, no solo la física sino el liderazgo de las familias, de la iglesia, de las comunidades y aun los sistemas de gobiernos. Un matrimonio con buena comunicación resulta en una familia funcional. Una iglesia con una comunicación abierta entre el liderazgo y sus miembros (1 Corintios 12) es una iglesia bendecida. Una comunidad donde los líderes hablan y se preocupan por el bien común de esa comunidad la misma es progresista.

Me imagino el óleo, ese aceite de buen y agradable olor, que es la unción del Espíritu Santo, deslizándose por la barba de cada familia, iglesia, comunidad y gobierno hasta llegar al borde de su vestidura. Cuando todos los conductos de comunicación están abiertos hay un buen funcionamiento en cualquiera de estos sistemas. Esto resulta en algo bueno, delicioso y armonioso; se ve bueno, tiene buen sabor y suena bueno. Todos y cada uno somos una pequeña neurona en la comunidad a la que pertenecemos, debemos comunicarnos efectivamente. ¡Aleluya!

Oración,

Padre eterno que sea yo una pequeña neurona o el más pequeño de los miembros del cuerpo que transmita eficazmente el óleo de tu Espíritu Santo.

Notes

12

Escribe Ese Plan de Trabajo

Y Jehová me respondió, y dijo: Escribe la visión, y declárala en tablas, para que corra el que leyere en ella. Aunque la visión tardará aún por un tiempo, más se apresura hacia el fin, y no mentirá; aunque tardare, espéralo, porque sin duda vendrá, no tardará... Habacuc 2:2-4 RVR1960

Dios le dijo al profeta Habacuc que escribiera la visión y la compartiera. Compartir tus metas y sueños te compromete a trabajar en ellas y te darás cuenta de que hay otras personas que tienen más confianza en ti, tú tienes en ti mismo. Yo debo escribir lo que tengo que hacer para que no se me olvide. Yo llevo una agenda escrita o electrónica para no perder fechas importantes o cumpleaños. Si no lo hago estoy segura de que algo olvidare. Hace unos meses yo tenía una cita médica importante y llegué un día después. ¡Qué vergüenza!

Tener objetivos, metas, propósitos, sueños, resoluciones en la vida es muy importante. Escribir sobre ellas es el primer paso para su realización. Hay resoluciones que las personas hacen al principio de año que para que sean una realidad es bueno escribirlas. Escribirlas te hace sacarlas de tu mente y tu corazón y ponerlas en papel donde puedes compartirlas con otros y ver cómo la visión corre a su realización.

En el proceso de escribir el plan de negocios para "I Believe Community Center", llegó un momento que estaba estancada y no podía concretar las ideas de mi mente claras para escribirlas; así que paré de escribir por unos días. Luego me encontré escuchando una predicación donde la predicadora dijo "continúa escribiendo ese plan de negocio". Completamente fuera del tema que hablaba y me sorprendió. Continúe escuchando y antes de terminar el mensaje la predicadora dijo otra vez, continúa escribiendo el plan de negocio. Entendí el mandado y continúe escribiendo el plan de negocio, y esta vez pude continuar el trabajo iniciado con mayor eficacia hasta terminarlo. Ahora solo resta que corra el que la lea. Gracias a Dios que nos ayuda en nuestras debilidades. ¡Gloria al Señor!

Notes

13

Emociones Encontradas

Por lo demás, hermanos, todo lo que es verdadero, todo lo honesto, todo lo justo, todo lo puro, todo lo amable, todo lo que es de buen nombre; si hay virtud alguna, si algo digno de alabanza, en esto pensad. Lo que aprendisteis y recibisteis y oísteis y visteis en mí, esto haced; y el Dios de paz estará con vosotros. Filipenses 4:8-9 RVR1960

La autorregulación emocional puede ser definida como la capacidad personal de regular tus emociones de manera positiva. Los sentimientos positivos y negativos se pueden presentar al mismo tiempo en cualquier situación. Ese es el momento de decidir cuál sentimiento va a controlar nuestras decisiones. No siempre los sentimientos negativos son malos o los positivos buenos. Poseer la capacidad de identificar nuestras emociones para luego aplicar estrategias de regulación es importante. Nuestras acciones indican nuestra madurez y el nivel de inteligencia emocional. Reissland, N. (2012).

Inteligencia emocional, adoro a Dios por su gran sabiduría, pues los frutos del Espíritu Santo nos hacen inteligentes en el aspecto emocional y espiritual. "Pero el fruto del Espíritu es amor, gozo, paz, paciencia, benignidad, bondad, fe, mansedumbre, templanza; contra tales cosas no hay ley. (Gálatas 5:22-26)." Cuando desarrollamos, identificamos nuestras emociones y pensamientos y los regulamos a través de su Espíritu. No hay ley que pueda tolerar o aplicarse a un corazón sensible a la autorregulación del Espíritu Santo o más bien, al **redargüir** del Espíritu Santo en nosotros. El regular las emociones nos capacita para amar incondicionalmente y ser empática con mi prójimo mirando a los demás a través del corazón de Dios. Así pensaremos en *todo lo que es verdadero, todo lo honesto, todo lo justo, todo lo puro, todo lo amable, todo lo que es de buen nombre; si hay virtud alguna, si algo digno de alabanza, en esto pensaremos.*

Oración:

Señor te pido que el nombre de Jesús desarrolle en mí el fruto del Espíritu para sabiamente controlar mis emociones.

Notes

_____

_____

_____

_____

14

En Su Voluntad Encuentro Paz

Venga tu reino. Hágase tu voluntad, como en el cielo, así también en la tierra.

Mateo 6:10 RVR1960

La paz os dejo, mi paz os doy; yo no os la doy como el mundo la da. No se turbe vuestro corazón ni tenga miedo. Juan 14:26–27 RVR1960

Y la paz de Dios gobierne en vuestros corazones, a la que asimismo fuisteis llamados en un solo cuerpo; sed agradecidos. Colosenses 3:15 RVR1960

Tener paz es muy importante para el ser humano. El hombre busca desesperadamente la paz; existe hasta un Premio Nobel de la Paz otorgado cada año a personas y organizaciones que ayuden a la paz mundial. Este premio fue iniciado por Alfred Nobel, ingeniero químico que descubrió la dinamita. En nombre de la paz se hacen grandes negociaciones alrededor del mundo. Pero no hay manera que el mundo pueda reflejar paz si internamente los corazones carecen de ella. El proceso para nominar y elegir candidatos para este premio cada año es muy importante. Pueden nominar candidatos aquellos que han recibido el premio antes, también los que son expertos eruditos en el área indicada; por supuesto considerando la labor realizada por el nominado. Luego de leer todos los requerimientos para recibir este prestigioso premio, concluí que Cristo Jesús es más que merecedor del mismo.

Hoy día, la falta de paz interna ha causado un incremento en la necesidad de servicios de salud mental. La ansiedad, tristeza, depresión, pensamientos recurrentes y más, reflejan la falta de paz de la humanidad. Jesús dijo: La paz os dejo, mi paz os doy, yo no os la doy como el mundo la da. Indicando que la paz la recibimos de él. La paz de Jesús que sobrepasa todo entendimiento (Filipenses 4:7).

Pues Jesús vino a traer paz en la tierra a pesar del rechazo de su pueblo, del sufrimiento, de la cruz, de la muerte misma. Jesús tenía paz pues estaba haciendo, viviendo, permaneciendo en la voluntad de su padre que está en los cielos.

Tener paz no quiere decir ausencia de problemas, tener paz es estar en la voluntad de Dios aun cuando las situaciones sean difíciles. No importa la situación, si estamos en la voluntad de Dios encontraremos paz, pues Jesús nos la ha entregado. En su voluntad encontramos paz.

Oración:

Que tu paz gobierne mi corazón no importando las circunstancias. Gracias Señor, mi Dios, porque en tu voluntad está mi paz que gobierna sobre toda ansiedad, tristeza, depresión, pensamientos recurrentes y más.

Notes

15

Yo le Creo a Dios

Jesús preguntó al padre: ¿Cuánto tiempo hace que le sucede esto? Y él dijo: Desde niño. Y muchas veces le echa en el fuego y en el agua, para matarle; pero si puedes hacer algo, ten misericordia de nosotros, y ayúdanos. Jesús le dijo: Si puedes creer, al que cree todo le es posible. E inmediatamente el padre del muchacho clamó y dijo: Creo; ayuda mi incredulidad. Marcos 9:21-24 RVR1960

El logo de nuestro ministerio está formado de un fondo negro con letras en llamas de fuego suave que dice Yo Creo. El mismo indica que en medio de la más densa oscuridad siempre habrá una llama de fe ardiente que prevalecerá. Es promesa de Dios que esta fe no se acabará; "…pues las puertas del infierno no prevalecerán contra la iglesia de Cristo. Mateo 16:18"

En la porción citada encontramos a un padre desesperado por la opresión espiritual de su hijo. Jesús cuestiona al padre para llegar a su corazón y llevarlo a que el mismo examinara su nivel de fe. La respuesta de este hombre bendice mi vida. Este hombre clamó, grito, lloro y entendió que no había fe en él, pero dio el primer paso para creer, abrió su corazón, y por su boca dijo: ¡Creo! ayuda mi incredulidad. En otras palabras, ayúdame a creer. Dios es quien produce en nosotros el querer como el hacer por su buena voluntad (Fil 2:12) y solo necesitamos fe como un grano de mostaza para mover montañas imposibles que se presentan en nuestro caminar (Mat 17:20). Creo que la mayor montaña es la incredulidad de nuestros corazones. Llama mi atención que fue un hombre quien clamó por su hijo esta vez. La Biblia contiene muchas historias de mujeres que intercedieron por la necesidad de sus hijos ante Dios. Por muchos años se ha visto una mayor flexibilidad y sensibilidad en la mujer para creer, pero esto no indica que los hombres también estén envueltos en el clamor desesperado por sus hijos.

Oremos:

¡Clamemos, gritemos al Dios de lo imposible: ayuda mi incredulidad!

Notes

_____

_____

_____

_____

16

Acción de Gracias

Yendo Jesús a Jerusalén, pasaba entre Samaria y Galilea. Y al entrar en una aldea, salieron al encuentro diez hombres leprosos, los cuales se pararon de lejos y alzaron la voz, diciendo: ¡Jesús, Maestro, ¡ten misericordia de nosotros! Cuando él los vio, les dijo: Id, mostraos a los sacerdotes. Y aconteció que mientras iban, fueron limpiados. Entonces uno de ellos, viendo que había sido sanado, volvió, glorificando a Dios a gran voz, y se postró rostro en tierra a sus pies, dándole gracias; y este era samaritano. Respondiendo Jesús, dijo: ¿No son diez los que fueron limpiados? Y los nueve, ¿dónde están? ¿No hubo quien volviese y diese gloria a Dios sino este extranjero? Y le dijo: Levántate, vete; tu fe te ha salvado. Lucas 17:11-19 RVR1960

La enfermedad de Hansen (también conocida como lepra) es una infección causada por una bacteria de crecimiento lento llamada Mycobacterium leprae. Puede afectar los nervios, la piel, los ojos y el revestimiento de la nariz (mucosa nasal).

Desde el principio de la Biblia hasta el final encontramos versículos que hablan sobre la importancia de la acción de gracias a Dios en la vida del cristiano. Algunas porciones bíblicas indican sacrificios de paz, como acción de gracias, según Lev. 7:11, y otras solo corazones quebrantados ante el amor y la diaria bondad de Dios en nuestras vidas. Acción de gracia es definido como un acto de expresar gratitud a Dios por medio de un sacrificio, acción, adoración, oración. La acción de gracias es muy importante porque envuelve todo nuestro ser en el acto de agradecer. Agradecer no solo se puede quedar en un sentimiento debe ser expresado y manifestado en acción a Dios por sus bondades. Acción de gracias es amor reciprocado a Dios que todo lo provee para mí. El corazón agradecido por la bondad de Dios se postra y adora espontáneamente. Este no solo disfruta de su favor sino también su presencia.

El leproso volvió, glorificando a Dios a gran voz, y se postró rostro en tierra a sus pies, dándole gracias; y este era samaritano. Lucas 17:15-16. No se avergonzó de saltar, gritar, arrodillarse en tierra, en público por ser sanado. Ahora regresa a obtener el mayor bien que es la salvación y el privilegio de adorar y servir al que le sanó y le salvó. ¡Y este era samaritano! Me encanta la pizca profética que es añadida aquí, indicando que los gentiles agradeceríamos con ruido, danza, alborotos, lágrimas y gozo al recibir esta salvación por gracia. Él nos ha sanado de la enfermedad mortal del pecado y nos ha reconciliado con Dios. Pensando en este tema he decidido ser más expresiva en mis acciones de agradecimiento a Dios. Voy a postrarme mucho, voy a cantar mucho, voy a ofrendar mucho, voy a saltar mucho, y adorar al que removió la lepra de mi pecado y renueva sus bendiciones sobre mí cada mañana.

Notes

_____

_____

_____

_____

17

Lluvia Temprana y Tardía

...yo daré la lluvia de vuestra tierra a su tiempo, la temprana y la tardía; y recogerás tu grano, tu vino y tu aceite. Daré también hierba en tu campo para tus ganados; y comerás, y te saciarás. Deut. 11:13-15 RVR1960

En esta escritura, la lluvia temprana se refiere al inicio de una temporada de lluvias fuertes en el otoño que prepara la tierra para la cosecha. La lluvia tardía es una lluvia fresca durante la primavera que prepara los árboles a dar frutos y los madura.

¿Recuerdas mojarte bajo la lluvia alguna vez? ¡Es muy agradable saber que el agua del cielo está mojando tu cuerpo! Es relajante hasta el punto de que el sonido de la lluvia es grabado y usado como elemento terapéutico para relajamiento. Pero mucha lluvia y por prolongado tiempo puede tener efectos muy negativos en tu salud también.

Hablar de lluvia en un área desierta, geográficamente afectada por la sequía, como la de Israel es muy significante. Cuando el pueblo de Israel deseaba la lluvia temprana era el resultado de una larga sequía. Esta sequedad produce agrietamiento en los suelos y afecta toda la economía de esta desierta área; todo por la falta de lluvia. Dios prometió enviar la lluvia a su "tiempo", la lluvia temprana y tardía. Lluvia fuera de *tiempo* iguala a desastre, lo que indica que la lluvia, la bendición, el favor y la bondad de Dios siempre llega en el tiempo establecido por El. La intensidad de la lluvia es también determinada por Dios. Cuando Las Escrituras hablan de terreno/tierra hay una clara referencia a nuestras vidas, nuestros corazones, nuestras familias y comunidades. Él sabe cuándo enviar la lluvia temprana, una lluvia fuerte que remueve los escombros y prepara el terreno para la siembra. También Dios sabe cuándo enviar la lluvia tardía que ha de hacer crecer las flores, los frutos y los hace madurar a su tiempo.

Permitamos hoy la lluvia temprana de Dios sobre nuestras vidas para que los escombros sean removidos, nuestra tierra sea propiamente arada y lista para recibir lo mejor de Dios.

Oración:

Señor Dios que tu lluvia sea sobre mí, sin ninguna reserva con la intensidad necesaria para remover los escombros.

Notes

18

¡Proseguiremos en Conocerle!

... yo daré la lluvia de vuestra tierra a su tiempo, la temprana y la tardía; y recogerás tu grano, tu vino y tu aceite. Daré también hierba en tu campo para tus ganados; y comerás, y te saciarás. Deut. 11:13-15 RVR1960

Y conoceremos, y proseguiremos en conocer a Jehová; como el alba está dispuesta su salida, y vendrá a nosotros como la lluvia, como la lluvia tardía y temprana a la tierra. Oseas 6:3 RVR1960

Estas Escrituras indican que, como resultado de recibir la lluvia temprana y tardía, recogerás tu grano, tu vino y tu aceite; tres elementos importantes en la cultura y alimentación de aquellos tiempos; y a la vez símbolos de abundancia, provisión y unción. Estos elementos se convierten más adelante en pan, sangre y unción a través de los cuales Dios mismo se da a conocer en Cristo; pues Su objetivo es que le conozcamos.

¿Por cuánto tiempo tú conoces a Cristo? Desde niño, adolescente, adulto, ¿diez años, unos meses? Conocer a una persona por más íntima que sea la relación, es algo que toma tiempo e interacción, y en ocasiones nunca alcanzamos a conocerla completamente. Conocer a Dios es igualmente progresivo, Dios es tan complejo, completo, infinito en su esencia que no le podemos llegar a conocer en su totalidad hasta que le veamos tal como es Él (1 Juan 3:2).

Lo hermoso de esto es que, aunque ya le conocemos, proseguiremos en conocer más de Él. Dios continúa revelándose a nuestras vidas. ¡Él está dispuesto como el alba, como el amanecer, a revelarse a nosotros como la lluvia temprana que se lleva los escombros, asperezas y la lluvia tardía que nos hace producir Fruto! Esta abundante provisión se extiende a tus campos y ganados; comerás y te saciará pues no todo el que come se sacia. ¡Proseguiremos en conocerle!

Oración:

Gracias por revelarte a nuestras vidas cada día al amanecer, yo seguiré y proseguiré a conocerte cada día. Oh, Dios, derrama sobre mí tu lluvia temprana y tardía.

Notes

19

¡Alegraos y Gozaos!

... yo daré la lluvia de vuestra tierra a su tiempo, la temprana y la tardía; y recogerás tu grano, tu vino y tu aceite. Daré también hierba en tu campo para tus ganados; y comerás, y te saciarás. Det. 11:13-15 RVR1960

Vosotros también, hijos de Sion, alegraos y gozaos en Jehová vuestro Dios; porque os ha dado la primera lluvia a su tiempo, y hará descender sobre vosotros lluvia temprana y tardía como al principio. Las eras se llenarán de trigo, y los lagares rebosarán de vino y aceite. Joel 2:23-24 RVR1960

Joel entrega estas palabras en manera enfática, diciéndole al pueblo que se alegre y se goce, por las siguientes razones.

¡Alegraos y gozaos! Porque hay grano, vino y aceite. Esto significa provisión abundante en todas las áreas de operación de nuestras vidas.

¡Alegraos y gozaos! Cristo es la materialización de la llegada de la lluvia temprana y tardía. Su sacrificio en la cruz trajo la plenitud de Dios a nuestras vidas.

¡Alegraos y gozaos! Joel capítulo 2 profetiza el derramamiento del Espíritu Santo, profecía cumplida en el libro de los Hechos capítulo 2. Esa lluvia temprana y tardía trajo un gran avivamiento a la iglesia, y lenguas repartidas de fuego sobre los creyentes. En esa ocasión se salvaron tres mil personas.

¡Alegraos y gozaos! El Espíritu Santo no sólo descendió sobre los primeros cristianos, sino que habita en nosotros que hemos creído en Cristo igualmente. "El Espíritu Santo mismo como aguas corre desde nuestro interior. El que cree en mí como dice la escritura de su interior correrán ríos de agua viva. S. Juan 7:38. El Espíritu está activo en la iglesia y la humanidad convenciendo al mundo de pecado. La lluvia temprana y tardía manifestación del poder de Dios.

¡Alégrate y gózate! Porque Dios ha determinado proveer para ti la lluvia temprana y tardía. No importando las temporadas de sequía y agrietamiento que hayas sufrido. El resultado de estas lluvias es sanidad y restauración.

¡Alégrate y gózate! Porque tú recogerás. Recoger es coger de nuevo, volver a tomar lo perdido, tomar por segunda vez, reunir, reordenar. Dios es proveedor de nuevas oportunidades para ti. Esto es digno de celebrarlo.

Oremos:

Oh, Dios, derrama la lluvia tardía sobre mí. Bautízame con tu Espíritu Santo. ¡Alegraos y gozaos!

Notes

_____

_____

_____

_____

Referencias

Reissland, N. (2012). The Development of Emotional Intelligence: A Case Study (1st ed.). Routledge. https://doi.org/10.4324/9780203007495

Frühbeis C, Fröhlich D, Kuo WP, Amphornrat J, Thilemann S, Saab AS, et al. (2013) Neurotransmitter-Triggered Transfer of Exosomes Mediates Oligodendrocyte–Neuron Communication. PLoS Biol 11(7): e1001604. https://doi.org/10.1371/journal.pbio.1001604

https://www.nobelprize.org/nomination/

Vahratian A, Blumberg SJ, Terlizzi EP, Schiller JS. Symptoms of Anxiety or Depressive Disorder and Use of Mental Health Care Among Adults During the COVID-19 Pandemic — United States, August 2020–February 2021. MMWR Morb Mortal Wkly Rep 2021;70:490–494.
DOI: http://dx.doi.org/10.15585/mmwr.mm7013e2external icon.

New King James Version Bible. (1960). Bible Gateway. https://www.biblegateway.com/

Made in the USA
Middletown, DE
26 September 2024

61513312R00031